Inhalt

Wie werden Führungskräfte entwickelt?

Kernthesen

Beitrag

Fallbeispiele

Weiterführende Literatur

Impressum

GENIOS WirtschaftsWissen Nr. 05/2005 vom 19.05.2005

Wie werden Führungskräfte entwickelt?

M.Rinkenburger

Kernthesen

- Immer wieder betonen Unternehmensvorstände, dass ihre Mitarbeiter das wichtigste Kapital des Unternehmens sind. Leider bleibt es oft bei diesen Äußerungen. Die gezielte und zielorientierte Personalentwicklung von (Nachwuchs-) Führungskräften bleibt viel zu oft auf der Strecke. (5)
- Eine geplante und langfristige Führungskräfteentwicklung beginnt bei der Auswahl der Mitarbeiter und setzt sich fort bis ans Ende der Karriere des Mitarbeiters.

- Personalentwicklung ist kein alleiniges Thema der Personalorganisationen. Vielmehr müssen die Führungskräfte selbst Personalentwickler werden (1)

Beitrag

Probleme und Ziele einer nachhaltigen Führungskräfteentwicklung

Eine gezielte Führungskräfteentwicklung, die vom obersten Management unterstützt und getragen wird, gehört in vielen Unternehmen immer noch zum Wunschdenken der HR-Manager. Das Thema Nachfolgeplanung wird oftmals immer noch allein den Personalabteilungen überlassen. Eine langfrsitige und nachhaltige Führungskräfteentwicklung besteht noch viel zu selten. In vielen Unternehmen gibt es hierzu nur Ansatzweise Konzepte, die auch entsprechend umgesetzt werden. Eine Stellenbesetzung im oberen Management geschieht aus immer noch zu oft aus Zufall oder sie basiert auf Basis von Beziehungen und Netzwerken (5)

Häufige Reorganisationen, Restrukturierungen oder kurzfristiges Denken des Managements sind nur einige der Gründe warum eine langfristige Personalplanung in der Praxis oftmals nicht funktioniert. Dabei sollte eine Führungskräfteentwicklung in kontinuierlicher Abstimmung und einer engen Verzahnung zwischen Management und der HR-Organisation stattfinden. Neben den HR-Managern müssen in Zukunft auch immer stärker die Business-Manager eine beratende und unterstützende Rolle in der Führungskräfteentwicklung einnehmen. (1) Sie kennen die Anforderungen aus dem Business und an Führungskräfte aus eigener Erfahrung. Des Weiteren kennen diese auch viele Mitarbeiter aus ihrer eigenen disziplinarischen Führungsaufgabe oder aus Projekten und haben dadurch die Möglichkeit deren Führungspotential aus der praktischen Sicht wahrnehmen zu können.

Die Personalentwicklungsabteilungen haben hierbei die Verantwortung für die Gestaltung durchgängiger und strukturierter Prozesse und Methoden sowie die Erstellung von nachvollziehbaren Kriterien für entsprechende Führungskräfteplanungen und Personalentscheidungen. (8)

Besetzung von Führungspositionen von extern

Unternehmen nehmen für die Besetzung von Führungspositionen oftmals auch die Hilfe von Headhuntern in Anspruch. Diese sollen genau jene Personen identifizieren, die das Unternehmen auf der jeweiligen Position benötigt. Es wird immer noch viel zu selten auf das eigene Potential im Unternehmen zurückgegriffen. Dabei sind die Kosten für eine externe Besetzung wesentlich höher als durch interne Besetzung mit geeigneten Nachwuchskräften. (2) Eine der Ursachen dürfte dabei der fehlende Überblick über die Potentialträger des Unternehmens sein. Insbesondere bei global aufgestellten Konzernen mit lokalen Strukturen findet ein internationaler Abgleich und Austausch der Nachwuchskandidaten viel zu selten wenn überhaupt statt. Aber auch die Besetzungen von Positionen mit externen Mitarbeitern spielt im Rahmen einer langfristigen Personalplanung eine wichtige Rolle. In den nächsten Jahren wird aufgrund des demographischen Wandels eine gezielte Führungskräfteplanung auch von außerhalb des Unternehmens immer wichtiger. (5) Des Weiteren müssen in kleinen Firmen mit einem hohen Wachstum wichtige Führungspositionen von extern eingestellt werden. Den internen Potentialträgern fehlt für eine schnelle Übernahmen von Führungsaufgaben insbesondere im Top-Management das know how.

Ziel einer optimalen Führungskräfteentwicklung ist es, die geeigneten Führungskräfte zum richtigen Zeitpunkt am richtigen Ort für die jeweiligen Nachbesetzungen zur Verfügung zu haben. (5)

Idealprozess einer langfristigen Führungskräfteplanung

Die Mitarbeiter müssen schon in den ersten Berufsjahren im Hinblick auf ihr Führungskräftepotential beobachtet und als geeignete Kandidaten identifiziert und gefördert werden. (6) Hierbei ist es wichtig, dass diese Mitarbeiter durch das eigene Erleben bereits frühzeitig für ihre potentielle zukünftige Führungsrolle sensibilisiert werden. Sie sollen erkennen welche Aufgaben in einer Führungsposition auf sie zukommen und ob sie sich eine entsprechende Führungsaufgabe auch selbst vorstellen können. Sind Business-Manager und HR-Manager sich einig, dass der Mitarbeiter das Potential dazu hat, dann sollte der Mitarbeiter auf die zukünftigen Situationen vorbereitet werden. Idealerweise durchläuft der Kandidat zu beginn ein Leadership Development

Center, in dem er von mehreren Beobachtern bei fiktiven Führungsaufgaben beobachtet und bewertet wird. Die Ergebnisse sollten dann die Basis für die weitere Entwicklungsplanung darstellen. (5)

Folgende Ausführungen stellen potentielle Prozessschritte für eine nachhaltige Führungskräfteentwicklung dar: (5)

- Erstellen geeigneter Soll-Profile und Kriterien für Führungskräfte
- Identifizierung möglicher Nachwuchsführungskräfte
- Absolvieren eines Leadership Development Centers
- Erstellen von Entwicklungsplänen zur Heranführung an die Übernahme einer Führungsaufgabe
- Absolvieren diverser verpflichtender und freiwilliger Schulungsmaßnahmen und Trainings je nach Bedarf
- Übernahme erster Führungsaufgaben
- Begleitung des ersten Jahres der Führungsaufgabe durch Paten
- Kontinuierliche Trainings und Auffrischung aktueller Themen
- Kontinuierliches Coaching bei schwierigen Situationen je nach Bedarf

Die zukünftigen Führungskräfte sollen die Rahmenbedingungen, Methoden und Möglichkeiten kennen, um bei ihrer Arbeit mit ihren Mitarbeitern ein motivierendes Umfeld gestalten, Ziele vermitteln und Entscheidungen treffen zu können. (6)

Kosten

Unternehmen, die auf die eigenen Mitarbeiter setzen, fahren trotz entsprechender Personalentwicklungskosten wesentlich günstiger als Firmen, die externe Führungskräfte einstellen.

Mitarbeiter, die von außen kommen, erhalten normalerweise ein deutlich höheres Gehalt als interne Nachfolger. Des Weiteren kommen Kosten für die beauftragten Headhunter hinzu. Neben diesen direkten monetären Auswirkungen fallen häufig versteckte Kosten an. Die externen Mitarbeiter kennen die Unternehmenskultur noch nicht und haben auch kein persönliches Netzwerk auf das sie bauen können. Die Zeit, die mit dem Aufbau dieser fehlenden Informationen verwendet wird sowie die ggf. damit einhergehenden Fehlentscheidungen, können für das Unternehmen hohe Kosten verursachen. (2), (5)

Fallbeispiele

In einigen Unternehmen gibt es bereits einen Chief Learing Officer der auf der obersten Entscheidungsebene angesiedelt ist. Seine Aufgabe ist es, konkrete Weiterbildungskonzepte und Maßnahmen unter strategischen Aspekten voranzutreiben und zu entwickeln. (3)

Seit Mitte der 90er-Jahre müssen auch immer öfter deutsche Top-Manager an Management Appraisals teilnehmen und sich evaluieren lassen. Hierbei geht es nicht um Fachwissen sondern vor allem um die Persönlichkeit des Managers. Nach Abschluss der Appraisals werden die Ergebnisse dem Auftraggeber übergeben, der daraus entsprechende Handlungsalternativen ableitet und umsetzt. (4)

Personalentwicklung wird immer stärker auch eine Aufgabe der Führungskraft. Die Personalabteilungen unterstützen die Führungskräfte mit entsprechenden Tools, Prozessen und Fachwissen. Die Führungskraft selbst übernimmt neben den Zielvereinbarungen immer öfter auch die Aufgabe der Entwicklungsplanung für ihre Mitarbeiter. (1)

Führungskräfteentwicklung ist nicht nur unter dem Gesichtspunkt der Nachfolgeplanung für disziplinarische Führungsfunktionen zu sehen. Führungskompetenz wird zunehmend auch von Mitarbeitern gefordert die verstärkt in Projekten oder mit anderen Zielgruppen wie Technologiepartnern, Lieferanten oder Kunden zusammenarbeiten. Immer öfter erfordert deren Zusammenarbeit mit dieser Zielgruppe Kenntnisse und Fähigkeiten zu Arbeitsrechtsthemen, Prozesswissen, Verantwortungsbewusstsein oder ethischen Aspekten. (6)

Weiterführende Literatur

(1) "Führungskräfte müssen Personalentwickler sein!" aus wirtschaft&weiterbildung, Vol. 18, Heft 04/2005, S. 24-25

(2) Viele Top-Manager geben ihr Amt früher als geplant auf. Wie sich Unternehmen vor häufigem Führungswechsel schützen Ständiges Kommen und Gehen
aus Die Welt, Jg. 60, 08.01.2005, Nr. 6, S. B11

(3) O.V., Gezielte Angebote, Focus-Money, 12.01.2005, Ausgabe 03, S. 055
aus Die Welt, Jg. 60, 08.01.2005, Nr. 6, S. B11

(4) O.V., Das Testen der Besten, Focus-Money, 09.02.2005, Ausgabe 07, S. 058-060
aus Die Welt, Jg. 60, 08.01.2005, Nr. 6, S. B11

(5) Der Goldfischteich braucht Pflege
aus Frankfurter Allgemeine Zeitung, 19.03.2005, Nr. 66, S. 53

(6) Führungskompetenz ist oftmals Voraussetzung für den Karriereerfolg - nach den ersten Berufsjahren ist eine entsprechende Qualifizierung besonders sinnvoll
Richtig analysieren, kompetent agieren
aus Die Welt, Jg. 60, 02.04.2005, Nr. 76, S. B5

(7) Coaching haftet noch immer Versager-Image an Management
aus WirtschaftsBlatt, 09.04.2005, Nr. 2341, S. 115

(8) O.V., Trendanalyse 2005: Was Personalchefs dieses Jahr vorhaben, Computerwoche, 18.02.2005, Nr. 7, Seite 46
aus WirtschaftsBlatt, 09.04.2005, Nr. 2341, S. 115

(9) IN DER FALLE Viele Führungsentscheidungen laufen ins Leere, weil Manager gravierende Fehler im Entscheidungsprozess begehen. Vor allem mangelt es an der Einbindung der Mitarbeiter. Führungsstil
aus Capital vom 14.04.2005, Seite 78

(10) Frauen in Führung
aus Manager Magazin, 21.01.2005, Nr. 2, Seite 64

Impressum

Wie werden Führungskräfte entwickelt?

Bibliografische Information der deutschen Nationalbibliothek

Die Deutsche Nationalbibliothek verzeichnet diese Publikation in der deutschen Nationalbibliografie; detaillierte bibliografische Daten sind im Internet über http://dnb.d-nb.de abrufbar.

ISBN: 978-3-7379-0891-7

© 2015 GBI-Genios Deutsche Wirtschaftsdatenbank GmbH, Freischützstraße 96, 81927 München, www.genios.de

Alle Rechte vorbehalten. Dieses Werk ist einschließlich aller seiner Teile – z.B. Texte, Tabellen und Grafiken - urheberrechtlich geschützt. Jede Verwertung außerhalb der Grenzen des Urheberrechtsgesetzes bedarf der vorherigen Zustimmung des Verlags. Dies gilt insbesondere auch für auszugsweise Nachdrucke, fotomechanische Vervielfältigungen (Fotokopie/Mikroskopie), Übersetzungen, Auswertungen durch Datenbanken oder ähnliche Einrichtungen und die Einspeicherung und Verarbeitung in elektronischen Systemen.